Nicolas Bradley

A COEUR OUVERT

Nicolas Bradley

A COEUR OUVERT

Éditions Muse

Imprint

Cover image: www.ingimage.com

Publisher:
Éditions Muse
is a trademark of
Dodo Books Indian Ocean Ltd. and OmniScriptum S.R.L publishing group

120 High Road, East Finchley, London, N2 9ED, United Kingdom
Str. Armeneasca 28/1, office 1, Chisinau MD-2012, Republic of Moldova, Europe
Printed at: see last page
ISBN: 978-620-4-96508-6

REMERCIEMENTS

Qu'il me soit permis ici d'adresser mes remerciements à **Adibone Martine Linda**, **Arnaud Lonla**, **Mbaya Ferdinand** pour la relecture attentive, les encouragements, le soutien indéfectible et leur entière disponibilité. Sans toutefois oublier l'équipe éditoriale et tous ceux qui, de près comme de loin ont contribué à la réussite de la réalisation de ce projet.

L'auteur

PREFACE

Un poème est un rêve, un désir,
Un cri, une confession et un plaisir.
En quelques mots,
C'est l'expression d'un paysage
Intérieur dont l'usage
Et le pouvoir des mots
Peignent le monde
De vers qui nous inondent.

Son écriture étant un mélange
De vers classiques et vers libres,
A cœur ouvert célèbre les anges
Qui nous entourent et nous vibrent.

L'amour qu'ils nous portent,
Est l'âme de cette poésie,
La clé qui ouvre toutes les portes
Du paradis. Quelle hérésie !

Le poète écrit ce qu'il connait
Ou du moins ce qu'il croit connaitre,
Le poème lui révèle ce qu'il ignore
C'est-à-dire le reste.
Il habille ses mots,
Le poème quant à lui met à nu ses maux.

La poésie a ce pouvoir hypnotique
Que ne possède aucun autre genre.
En effet, quelques vers à eux seuls,
Peuvent en un instant changer
Notre conception du monde mélangé.

Comme le soulignait Montaigne
Au sujet de la parole, ce qu'on peut
Attribuer à un recueil de poèmes :
« Il appartient pour moitié à celui qui écrit
« Et pour moitié à celui qui lit »

L'intérêt d'écrire étant d'être lu,
Certainement cette poésie ouvrira le cœur
De plus d'un lecteur
Et fera d'eux ses élus

Martine Linda

LE PRIX A PAYER

Ecrire c'est beau !
Et lire nous met haut !
Mais une production de l'esprit
Comme toute chose, a un prix.

Le soleil, la pluie,
Le jour, la nuit,
Me font quelques fois
Me sentir inondé de foi.

L'écriture m'a choisi
Et m'a trouvé une famille
Et cette famille
Est la poésie.

Un grand exercice
Quoiqu'une passion
Nécessite de nombreux sacrifices
Dans sa réalisation.

La contemplation de la nature
Pour nourrir cet esprit ;
D'incessantes lectures
Tel est mon prix.

LA POESIE

Je t'aime poésie !
Véhicule de mon paraître,
Au volant siège mon être
Et toutes ses fantaisies.

De Hugo à Baudelaire,
Doux sont tes vers.
D'eux découle mon salaire
Plein de billets verts.

De la poésie lyrique,
A la poésie artistique,
En passant par la poésie engagée,
Aucune n'échappe à tes vers enragés.

Anémone, Hortensia ou Rose,
Chaque fleur sa couleur ;
Rimes ou prose,
Chaque poème son auteur.

MA MERE

Tels étaient tes mots toi femme au caractère grand :
« Fiston la vie n'est pas une cerise ;
« Travail, courage, patience devrait être ta devise. ».

Le firmament est vaste clarté ;
Tout est joie, innocence, bonheur, espoir, bonté.
Aujourd'hui que nous y sommes,
La nature est un peu moqueuse autour des hommes.
Ne crois pas qu'en moi l'esprit du poète descend ;
Lorsqu'entre deux beaux vers, un mot passe en dansant.

L'une des principales pierres de mon édifice,
Après tant de sacrifices
Dommage de ne te rapporter que des mots
Qui, sûrement de ma part te feront oublier certains maux.

Au moment où j'emprunte à Hugo sa plume,
Assis près de Rimbaud les yeux rivés vers la lune,
Tu arbores le manteau
De mon plus grand héros.

A Adibone Martine Linda ma chère maman

Mars, 2023 ; Yaoundé-Cameroun

DIMANCHE

Jour de lumière,
Jour de prière
Où chaque religieux
S'efforce d'être heureux
En priant son dieu.

Jour de repos ordonné par l'éternel
Le savent-ils les tout-petits de la maternelle ?
Après six jours de création,
Grandes furent ses réalisations.

Les apprenants font leurs devoirs,
Ouvriers et parents quant à eux sortent se mouvoir.
Qu'est-ce qu'il est beau le dimanche !
Jour de chance.

On entend des chants de victoire,
Des drôles histoires
Narrées aux enfants
Au sujet des éléphants.

UNE JOURNEE A L'AMPHI

Le matin venu,
Je mis une tenue
Direction l'amphi.

Sur mon chemin,
Une hirondelle me fît
Un douloureux câlin.

Arrivé, grande fut ma surprise
Eh oui toutes les places de l'amphi étaient prises !
Toutefois, je réussis à me filer une place dans cette immense foule ;
D'elle, un mouchardage découle.

Une fois le doyen et l'enseignant arrivés,
Nous fûmes privés
De ce bavardage
Stérile vu notre âge.

« Vous êtes à l'université
« Et l'université c'est la faculté. »

Tels furent les premiers mots
De ce géant du département qui, dans la suite de son discours
Nous exposait les maux
Qui minent nos alentours.

Le doyen parti après ces quelques mots de bienvenue,

Nous prîmes nos stylos,

Nous notâmes dans nos cahiers les dires de monsieur Bello.

Dès cet instant, nous devînmes étudiants.

Aux étudiants de l'université de Yaoundé I promotion 2021

MON CAMEROUN

« Ô Cameroun berceau de nos ancêtres »
Est ton hymne ;
Une fois au moins t'étions traîtres
Patrie divine.

« Paix – Travail – Patrie »
Telle est ta devise
Mère patrie.
Jamais on ne se divise.

« Vert, rouge, jaune étoile »
Sont les couleurs de ton drapeau.
Bandes tricolore tels les voiles
De ces navires coloniaux.

Triangle national t'avons appelé ;
Des décennies plus tard sommes interpellés.
Nous ta jeunesse, t'avons tourné le dos
Laissant ton sort aux mains des occidentaux.

Paul Samba, Um Nyobe et Manga Bell
Furent tes dignes défenseurs
Face aux colons oppresseurs ;
Subissant de leurs parts de ribambelles
Sévices corporels.

Victime de longues années d'esclavage,
Te privant ainsi de tes robustes fils.
Agriculture, pêche, élevage
Sont là les vestiges laissés à tes fils ?

Terre mère !
Ta jeunesse crie détresse.
Où sont passées tes richesses ?

Sont asséchés rivières, fleuves et mer.
Mère patrie,
Terre chérie
Ecoute ta jeunesse qui te parle.

IRESSE

Fleuve de tendresse est Iresse ;
Oreiller de chair fraîche que l'on ne peut qu'aimer
Où mon cœur bat et s'agite sans cesse.

Le secret d'un visage
Luisant, cachant ce sourire
Qui, parfois, me fait dire
Des choses moins sages.

Source d'inspiration !
Que faire pour mériter l'attention
De cette créature au regard, qui foudroie
Mon cœur et le rend maladroit ?

Vilain est mon amour ;
Loin de moi l'idée de faire de l'humour,
Mais ils sont vrais
Mes sentiments et le devraient.

Si te consacrer quelques vers
Pour toi ne suffit pas,
Alors dis-le à ce ***cœur ouvert***
Qui ne cesse de te suivre partout où tu vas.

Que devient mon ciel
Sans ce délicieux miel
Qui coule de tes yeux
Quand tu fais un vœu ?

Tout comme la poésie

Pour certains est un jeu de mots,

Moi j'ai choisi

L'écriture de ses vers comme thérapie de mes maux.

Ange ou Sirène ?

Tu es la reine

Qui porte sur sa tête

Les bijoux de ceux qui s'entêtent.

UNE STROPHE AU TEMPS

Monsieur temps.
Suspends ton envol !
Comme te l'ordonne Lamartine
Et laisse-moi un instant
Jouer mon rôle
Auprès de mes frères et de Martine.
Qui, pour eux je suis un père
Sur qui, ils espèrent
Trouver réconfort
Après des moments de torts.
Long est mon trajet ;
Lourd est mon secret.
Ecoute ! c'est moi
Qui te parle et ce depuis un mois.

MON RÊVE

Oui je suis un rêveur
Des petites jolies fleurs.
Je suis le camarade
De ces bijoux d'or qui se dégradent.

Parfois lorsque je me mets à rêver sur ce livre
Qui m'enivre,
Au milieu de cette humble poésie,
Un vers chauve sort de l'ombre en pleurant.

JEUNESSE

Prétexte fallacieux
Pour les moins audacieux
Qui posent des actes odieux.

Rêveuse jeunesse est ma cible ;
Ambitieuse, moins travailleuse
Mais très envieuse.

Tentée par la facilité,
Allant jusqu'à montrer sa nudité
Pour se faire de la visibilité.

Où est passé le sens de l'effort ?
Toi, qui veut vivre dans le confort,
Une luxueuse vie nécessite de travailler fort !

Ma jeunesse réclame ton secret
Toi Sylvestre grand homme discret
Qui inspire du respect.

CONFESSION

Au coucher du soleil,

Je pris cette plume

Aux allures d'une enclume

Pour confesser une beauté sans pareille

Qui, cette fois

Me disais, pour toucher le cœur, passe par le foie.

Assis à ma porte, je la voyais passer balançant le feston,

Me souriant au passage.

Je repris confiance grâce à cette sensation ;

Je voulu la suivre pour avoir son attention

Merveilleuse était cette rivière

Mais trop vite elle allait,

Fragile était sa lisière

Alors je ne pus la rattraper car lent j'étais

NATURE

Tu es mère nature !

Source de notre nourriture.

Toujours te chérirons

Car si nous sourions

Aujourd'hui c'est grâce à tes délices.

Voyant l'Homme s'attaquer à toi j'étais au supplice.

Faune variée,

Flore densifiée

Sont là quelques de tes merveilles.

Tu offres un climat sans égal

Ô quel véritable régal !

Avec au lever et au coucher un doux soleil.

On y entend çà et là des cris d'oiseaux

Chantant et annonçant monsieur vent ;

Des chutes de cours d'eaux

Indiquant qu'il fait beau-temps.

Quand vient dame pluie,

Les enfants dansent en faisant peu de bruits.

A cet instant que disent les prédateurs ?

Galopant, souriant, heureux

Soudainement furieux

Car les proies se font rares y compris les rongeurs.

Les paysans de leur côté contemplent, apprécient
Ou déprécient le climat chacun en fonction de son humeur.
Pour certains, c'est l'heure
D'effectuer un labeur précis ;
Pour d'autres c'est un climat défavorable
Alors la patience est au rendez-vous
Car la pluie ne leur est d'aucune utilité.

Moi, je continuais ma route profitant du bonheur que m'offrais la nature ;
A mon passage elle me hurlait dessus ;
A cet instant, je me rendis compte que je lui marchais dessus.
Agréable fut mon séjour ;
Je fis sûrement là mes plus beaux jours.

LA MORT

Vilaine dame !
Toi, qui nous prive d'êtres chers
Sans état d'âme.

A ton passage
Dans les villages,
Tu laisses derrière toi comme prestige
Des familles moins festives.

Aussi vieille que l'humanité,
Autrefois, jadis considérée par
Les philosophes comme source de liberté,
Aujourd'hui qu'en est-il ? certainement pas

Voltaire, Baudelaire, pères, mères et frères ;
Tous ces êtres qui nous sont chers
Ne sont aujourd'hui que du lointain passé.
Qu'ont-ils fait pour un tel mérite ? pas assez.

Musulmans, protestants ou catholiques,
Personne n'échappe au trouble psychologique
Que tu crées.
Si seulement tu prévenais tes proies ;
Avec suffisamment de foi,
Et assez d'armes,
Nous verrons certainement toi aussi tes larmes.
Pour l'instant profites-en
Car demain te vaincront peut-être nos descendants.

MA VILLE

Dense circulation,
Enorme population ;
Trèves d'habitations.

Belle compétition de l'insalubrité
Et de l'insécurité ;
Qui n'a guère besoins de mots
Pour exprimer ses cruels maux.

Ici, règne une belle anarchie.
Que fait la hiérarchie
A ce sujet ?
Tel fut le constat de Gervais
Grand miroir
De mon désespoir.

LE JOUR D'UNE TRAGEDIE

Vingt et un octobre deux mille seize,
Alors que ma patrie est dans son aise,
Monsieur malheur visitait sa population :
Un train passager
Venait de dérailler ;
C'est la désolation.

Quelle mort brutale !
Le drapeau est en berne
Et le chagrin gouverne
C'est le deuil national.

Immense est la douleur,
Sombres sont les couleurs.
Ô Dieu qu'avaient-ils fait ces innocents
Pour mériter un tel châtiment ?

Plus jamais une telle tragédie,
Aux survivants je dis
Que la vie leur soit belle,
Aux décédés, doux soit leur repos éternel

SOUS LA CACAOYERE

Paisible journée de travail
Avec mon éventail,
Assis sous une cacaoyère
Contemplant cette merveille.

Le bruyant silence
De cette minuscule forêt dense
M'empêchait d'écouter les belles
Paroles de cette charmante hirondelle

Qui, à son passage me distillait de la bonne humeur.
Majestueuse cacaoyère d'où proviennent tes richesses ?
Qui me plongent dans cette ivresse
Tôt dès les premières heures.

AU BORD D'UN FLEUVE

Au bord d'un fleuve,
Gît l'épave d'une pirogue
Au cœur meurtri
Qui a décimé de nombreuses vies.

Au bord d'un fleuve,
On aperçoit ces hommes ivres
Au guidon de leurs motos neuves
Transportant de précieuses vivres.

On y voit là les stands d'exposition
Des richesses fauniques
Et des boissons alcooliques
A grande consommation.

Au bord d'un fleuve se trouve une jeunesse
Accro à la drogue et à l'ivresse.
Jeux de hasard est son passe-temps
Réveille-toi ma chère il est grand temps.

A UN CORPS DE METIER

J'écris ces quelques vers
Pour éloigner d'eux
Le désespoir de Prévert.

Ces valeureux seigneurs de la craie,
Pour qui la pédagogie n'a plus de secrets ;
Chacun à son niveau,
Nous rend intérieurement beau.

Formidable moule social,
De vos mains sont nés des Présidents
Et bien d'autres hommes puissants.

LA MUSIQUE

Douce sonorité,
Miroir par excellence de la société ;
Aux rythmes variés.

Tu touches le monde mais tu es intouchable,
Si près du peuple loin des guerres et ses responsables.
Tu as la voix sûre,
Tu calmes les malaises,
Guéris les blessures
Mais la censure aimerait que tu te taises.

Aucune oreille ne te ferme ses portes.
Moyen de transport vers le meilleur ;
Artistes musiciens d'ici et d'ailleurs,
Au même titre que les vers des poètes nous transportent

Distraction pour certains,
Dénonciation pour d'autres.
Considérés comme apôtres
D'un passé lointain.

Que c'est beau de l'écouter avec délicatesse !
Elle qui procure tendresse
Même à la vieillesse.
Transmise génération
Après génération,
Elle prophétise
La terre promise.

LE TROISIEME ÂGE

Troisième âge ;
Âge des sages,
Grandes sont leurs expériences
Comme celles de la science.

Véritable bibliothèque de vie ;
Âge idéal de repos
Pour ces personnes dont la survie
Dépend du travail abattu pendant leur période de force.

Âge d'attention,
Période de défaillance
De ces précieux organes de sens.
Délicate est leur santé et leur alimentation.

La vieillesse arrive à une vitesse
Sans que l'on comprenne
Faudrait que tu l'apprennes
Toi jeunesse.

A LA TRAVERSEE

A la traversée, on aperçoit
De vieilles pirogues
Transportant parfois de la drogue.

A son bord, plus d'une dizaine de passagers
Médiocrement assis
Attendant impatiemment embarquer
Pour l'autre rive.

Irrespectueux chaloupiers,
Bruyant passagers ;
Chacun cherchant à se faire entendre
Moi, je cherchais à les comprendre.

L'ENFANCE

Turbulence, principale caractéristique
De cette délicate période de croissance.
De ces mômes égocentriques
Jouissants de toute leur puissance.

Gigantesque période de scolarisation
Prématernelle, maternelle et primaire de ces êtres
Toujours près des fenêtres ;
Chantant le jour et toussant la nuit
Aux yeux charmants et faisant peu de bruits.

Très bavards !
Doués d'une super imagination,
Certainement pas un fruit du hasard.
Belles sont leurs récitations.

Le matin à l'école, l'éveil musculaire
Est au rendez-vous pour les ''jardiniers''
On chante, on danse comme l'éclair.
De loin on peut les entendre crier :
« Avance ! avance ! je ne veux pas
« Te pousser ne t'arrête pas… »

LE SAVAIS-TU ?

Le savais-tu bel ami ?
Qu'il fallut m'asseoir près des fontaines
Tous les jeudis
Pour écrire ces vers de longues haleines.

Je défends à toute guitare
De bourdonner aux alentours,
Car ta rue et ses tares
Sont à moi pour toujours.

Comment te le dire
Ou te le faire comprendre ?
Sans pour autant me contredire
Que mon cœur est un beau désordre.

Devant les colosses moroses,
Près de mon frère et sa rose,
J'observe gambader la plume de Rimbaud
Tenant à la main les vers de Hugo.

Belle est la senne
Qui me chuchote à l'oreille :
Admire-moi car je suis ton soleil.

MON QUOTIDIEN

Trève quartier
Où réside l'autre moitié
De mon désir freudien.
Poésie mon quotidien !

Si j'étais privé d'écriture,
Alors je serais condamné à la dictature
Et à la violence des secrets
Qui m'entourent et me rendent muet.

Envahi par tous mes sentiments sans mots,
Je m'efforcerais de mettre la tête hors de l'eau
Pour sortir ma société du fléau

J'écris peut-être par instinct
Qui sait ?
Si ce n'est pour futur certain.

LE TELEPHONE

Pourquoi venir auprès de moi
Si tu as à me dire ?
Toi éternel roi
Qui procure sourire.

Vieille chapelle
Si salutaire
D'un homme visionnaire
Au nom de Graham Bell ;

Né de cette fabuleuse révolution scientifique,
La technologie ne cesse de nous impressionner
A travers tes fils de plus en plus magnifiques.
De toi, le monde s'est vu façonné.

La technologie est un mystère.
Quoi de mieux pour cette terre ?
Devenue village planétaire.

J'entends la voix de ma famille à des milliers
De kilomètres grâce à toi pilier
De la mondialisation
Et instrument de socialisation.

Maitre de l'univers
Rends le moins pervers
Autrefois c'était un paradis
Ah oui je vous le dis !

Et maintenant qu'en est-il

De notre précieuse île ?

LA FEMME

Femme ton sourire

Procure tendresse.

De la côte droite de l'homme Dieu te Fit.

Que serait le quotidien de l'humanité sans tes caresses ?

Les femmes sont sur la terre

Pour l'idéaliser ;

L'univers est un mystère

Que commentent leurs baisers.

Au moment où je prends ma plume

Pour te chanter,

Mon cœur s'allume.

Tout ce qui est beau tient des femmes

Si Dieu n'avait fait la femme,

Il n'aurait pas fait la fleur.

NOTRE ROI

Minuscule est ton royaume
Comme un calligramme de Guillaume.
Tu trônes dans l'azur comme un sphinx incompris.

A tes côtés se trouve une brave reine
Avec qui tu partages tes moments de gloire,
Joie et déclin. Faudrait que tu le comprennes
Grand homme ce qu'est le pouvoir.

Te consacrons quelques vers
Pour te dire que nous ton trio de soldats sommes
Prêts pour nettoyer ton chemin de méchants hommes.

Pour toi ferons l'impensable
Vieillard responsable.
A ton passage t'acclamerons
Vive le roi ! avec et pour le roi, nous vaincrons !

MATANGO

Symbole traditionnel
De beaucoup d'aires culturelles,
Symbole de fraternité
Dans ces profonds villages.

Liquide précieux,
Toujours présent dans de multiples cérémonies
Rendant la plupart des invités heureux
Et vivant dans une parfaite harmonie.

Autour de toi,
Jaillissent des éclats de voix
De tes adeptes
Oubliant parfois leurs dettes.

En surdosage,
Tu es parfois à l'origine
D'inutiles conflits
Mettant en costume d'Adam notre véritable nature.

Secret divin,
Matango naturel vin !

L'AMOUR AUTREFOIS

Les sentiments étaient clairs,
On n'avait guère
Besoins d'éclairs.

Quand l'amour était vrai,
Les déclarations étaient sincères
Et la phrase **« je t'aime »** enivrait.

Qui la recevait devenait fou
Et les mots utilisés étaient doux.
Les promesses étaient réelles,
Les serments étaient éternels.

Plus on grandi plus on ment
Parait-il que l'amour soit un beau châtiment
Actuellement il existe sa photocopie ;
Dommage que l'amour ne soit plus une thérapie.

Autrefois il réunissait, maintenant,
Il sépare, tue et c'est décevant !
Mais nous continuons d'aimer
Et ce, qu'importe la douleur.

UN SPORT PARTICULIER

Sacré football !

Toi, qui autour d'une balle

Opposant vingt-deux acteurs,

Attire de nombreux spectateurs.

Ces jeunes pépites bourrées de talent

Et leurs merveilleux gestes techniques

Pas du tout pratiques,

Suscitent de l'admiration chez les débutants.

Evalué à des milliers

D'adeptes aux quatre coins du monde

Tu nous fais oublier

Nos différends pendant quelques secondes.

Tu exerces une profonde influence

Auprès de tes admirateurs

Qui vont jusqu'à attribuer le nom de leurs

Idoles à leurs enfants sans pourtant faire la nuance.

Cristiano ou Lionel,

Tous sont professionnels

Pour nous simples admirateurs.

UN APRES MIDI

Alors que je me promenais
Le long de cette route qui menait
Chez une tante, lorsqu'un père
M'aborda. Mon trajet devint moins ennuyeux grâce à ce compère
De marche. Avec lui, on parlait de tout et de rien
Quand soudain,
Apparu un chien
Qui faisait le malin.

Je me sentais en danger en présence de cet animal
Mais mon ange-gardien
Me rassurait ; après tout ce n'est qu'un chien,
Ne crains rien !
Il ne te fera aucun mal.

Des histoires il en avait pleines à raconter.
Durant le trajet,
Il me les narrait sans compter
A les écouter, je me sentais comme un enfant devant Piaget.

LA NUIT

Ciel peu nuageux,
Tu me sers sur un plateau tes fabuleux
Astres et étoiles.

Assis à l'estrade,
Je profite de la balade
Que m'offrent mes yeux
Sur cet endroit lumineux.

Moment de repos pour ces êtres ordinaires
Qui, après une journée de dur labeur,
Se plongent dans un sommeil profond.

Une fois la nuit tombée,
Une transition s'impose ;
On passe d'un milieu très bruyant
A un milieu très calme où dealers et passeurs cherchent à se faire du blé.

UNE STROPHE A MES CAMARADES

Frères d'une autre famille
Que le temps passe tellement
Vite ! Pleins de mots fourmillent
Ma tête au moment
Où je pense à vous,
Il faut que je vous l'avoue.
Long fut mon séjour
Auprès de vous jusqu'à ce jour
Où furent proclamés les résultats.
Triste était mon état
De savoir que nous revoir ensemble
Débattant sur divers sujets
Académiques ou non semble
Désormais impossible. Nous qui n'avions plus de secret
Les uns les autres
Car la vie, les peines et les joies de l'un étaient aussi les nôtres.

A l'endroit de mes camarades de classe Terminale.

CAUSERIE AVEC MON PERE

Donne le meilleur de toi mon fils,
Soit très prévoyant et fort
Car personne n'endossera tes torts.
De te tromper n'aies pas peur
Et surtout apprends de tes erreurs.

Quand tu trébuches tu te relèves
Soit comme ce soleil qui se lève
Tous les matins.

De tout perdre permets-toi
Sauf l'espoir source de ta joie
Aies toujours aux lèvres le sourire,
Dis-toi que le meilleur reste à venir.

Soit tu gagnes soit tu apprends,
Car rien n'est plus précieux que l'expérience
Et l'expérience
Vient des risques que tu prends.

A mon papa.

UN ETERNEL MOIS

Janvier qui es-tu ?
Les Hommes se demandent.
Pourquoi un changement
Aussi brusque ?

Où sont passés nos billets
Verts et violets ?
Que nous gaspillions
Pendant le réveillon.

C'est le moment de regret
Chez Lazard le fêtard ;
Bienvenus les prêts
Pour les jeux de hasard.

Après quelques jours
Intensément festifs,
La vie peut enfin reprendre son cours.

AU RETOUR DES CLASSES

Sur le chemin de la maison,

Après une pénible journée,

Les arbres fruitiers que nous voyions,

Nous les côtoyions

Avec ou sans l'avis

De leurs propriétaires.

Ainsi était assurée notre survie.

Sous un soleil remarquable,

Mes camarades et moi qu'importe le nombre

Chacun avec son cartable,

De temps en temps

Nous nous arrêtions sous l'ombre

D'un arbre pour profiter du vent.

A pas de tortue, sans aucune pression,

Nous fuyions les potentielles commissions

De la maison ; laissant

Toutes ces charges aux infatigables parents.

A mes camarades de classe 6ème.

LE VILLAGE

Belle est la vie au village !
Ce calme lieu où règne une harmonie
Prônée par les sages.

De paisibles journées,
Des oiseaux de toutes sortes,
Des terres herbacées
Et très productives
Sont là quelques merveilles
Qu'offre cette innocente nature
A ces occupants peu matures.

Philanthropie, solidarité, charité
Bref tout y est.
Eh oui ! Il existe encore de tels endroits dans ce monde obscur ;
Et cela se résume à neuf lettres, deux mots et un sens : **LE VILLAGE**.

LA LECTURE, UN REPAS POUR L'ESPRIT

Lire c'est avant tout apprendre
Mais apprendre n'a de sens que pour comprendre,
Et comprendre c'est nourrir le cerveau.

Un cerveau bien nourri engendre un homme éclairé,
Capitale de toutes communauté illuminée.
Il faut donc de temps-en-temps lire
Car toute autre attitude nous conduirait au pire.

Lire, c'est à la fois ennoblir et éclairer l'esprit
Et cet exercice de toute une vie n'a pas de prix.
Aimer lire, c'est assurément aimer s'instruire
Et un Homme bien instruit ne peut que construire.

Si un jour l'homme estime que s'instruire coûte cher,
Qu'il épouse l'illettrisme qui lui explosera la chair
Car ne l'oublions pas tout a un prix sur cette terre
Et celui de l'ignorance est qu'il nous tue et nous enterre.

CORONAVIRUS

Coronavirus grand touriste
De la décennie,
Qui a rendu le monde triste,
Et l'a plongé dans une profonde agonie.

Toutes les frontières
Portent ta signature.
Tu connais les coins et recoins de cette terre entière ;
Et la science n'a fait que montrer sa véritable nature,
Rappelant à l'humanité
Que tout est vanité.

Tu as semé la panique
Ton nom évitait les pique-niques.
Confinement et mesures barrières
Etaient des néologismes à notre vocabulaire.

Qui y cru un jour
Que, le cache-nez,
Longtemps dénigré
Entrerait dans l'histoire pour toujours.

La maxime disant
Que « le bonheur
« Des uns provient du malheur
« Des autres. » ici prend tout son sens.

Grand assassin !

Pêcheurs ou saints,

Personne ne veut plus de toi

Sous son toit.

LA SCIENCE

La science
Et ses expériences
Nous rendent « maitres
« Et possesseurs de la nature »
Comme l'a déclaré Descartes.
Entre de mains peu matures,
Elle plonge dans le chaos
Et précipite notre départ pour là-haut.

Une arme si puissante
De plus en plus nuisant
A l'ordre et à la tranquillité
De l'humanité.

Se pose à ce stade un impératif
De la conscientiser
Comme l'a préconisé
Rabelais dans ses objectifs ;
Rappelant qu'une « science
« Sans conscience
« N'est que ruine de l'âme ».

L'ARGENT, LE NERF DE LA GUERRE

Centre de gravitation
De toutes les civilisations,
Tu procures sourire
Sans rien dire.

Tu nous rends puissant et orgueilleux,
Notre quotidien de plus en plus merveilleux
Méprisant au passage
Piétons et démunis dans notre langage.

Bijoux et tout ce qui est confort,
Nous donnent l'impression d'être fort
Alors est banni de notre vocabulaire le mot **tort**.

Plus on a de l'argent,
Plus nous sommes prioritaires.
Où est passée cette société dite égalitaire ?

IMMORTEL

Vous mortels !
J'aimerais que vous vous souveniez de moi
Pas comme celui qui vient vous parfaire,
Ni moins vous distraire ;
Mais comme celui qui, par sa plume,
Vous procure sourire
Et vous allume.

Les strophes, les vers et les rimes
Qui vous dépriment,
Ou vous enjaillent
Et comblent vos failles
Sont la volonté des poètes immortels.

MON AMOUR

Irrésistible glamour,

Laisse-moi te clamer un poème d'amour

Qui bercera tes délicates nuits

Et t'évitera l'ennui.

Divine créature !

Descendante du roi Arthur

Quels secrets dissimule cette robe ?

Qui trimballe mon cœur du matin jusqu'à l'aube.

Une démarche classique,

Un sourire pratique ;

Avec toi, tout est joie.

Comme ce papayer, tu fais ma joie.

Amour médiéval,

Mon cœur n'attend plus que ton aval

Pour te tenir compagnie

Et te mettre à l'abri des manies.

Aussi calme que les vagues de la mer,

Ouverte d'esprit tu es

Entre tes bras je renais

Toi ma nouvelle mère.

AUJOURD'HUI

Aujourd'hui !
Je me lève ! Je m'apprête !
Plein d'énergie, rien ne m'arrête !

Aujourd'hui encore !
Je bats tous les records
Grâce au potentiel de ce corps.

Quand il est tard,
Fatigué, je suis
Très peu bavard
C'est le cas aujourd'hui.

Je m'endors enfin
Quand tombe la nuit ;
Près de ce dauphin
Qui hoche la tête et me dit oui.

MADEMOISELLE

Jolie demoiselle !
Comment je vous appelle ?
Stop ! laissez-moi deviner :

Juliette, Rosine, ou Brunelle ?
Aucun ! Mais Isabelle
J'y étais presque ma belle !

Beauté majestueuse !
Âme pieuse !
Et généreuse.

Poursuivi par ce diluvien amour,
Derrière vous, mon cœur cours
Et crie au secours !

Laissez-le trouver réconfort
Et donnez-lui votre attention
Pour se sentir fort.

Vous qui, à votre passage
Me faites un doux massage
Du regard qui fait vivre mon paysage.

MES RACINES

Je ne suis ni blanc, ni noir
Mais je suis un homme
Qui garde espoir
Dans cette vie qui dégomme.

A la question d'où viens-tu ?
Adossé près d'une fenêtre,
Je réponds d'une voix survêtue :
Du pays de mes ancêtres.

Où vas-tu ?
Chercher mes racines
Loin de cette calomnieuse
Société qui me hurle et me déracine.

FOREVER

Deux mille dix-neuf !
Année de tous mes maux
Tu m'as pris un sang neuf
Et m'as laissé sans mots.

Depuis lors, je ne sais sur quel pied danser.
Des pierres je t'ai lancé ;
J'ai perdu le sommeil,
Elle qui était mon réveil

Rends la moi !
Car elle est ma joie
Ô Dieu ! Quelle cruauté !
Je pleures depuis une éternité.

Réveille-toi de ce sommeil éternel !
Mon cœur t'appelle
Car tu lui manques
Lui qui t'apprenait à jouer aux pétanques.

TOI ET MOI

Toi et moi
Irons loin d'ici
Pour quelques mois.

Toi et moi défierons Magellan
Et profiterons du beau-temps
Qu'offrira ce voyage galant
Dans très peu de temps.

Partis pour d'autres horizons,
Serons à l'abri de l'hypocrisie
Et calomnie sans raison
Car l'un l'autre on s'est choisi.

Ils disent que jamais
Je ne te mérites ;
Normal ! Au-dessus d'eux tu me mets.

Je t'aime ou je te quitte ;
La seconde option je l'évite.
Tu es le silence de tous mes bruits,
L'arbre qui portera mes fruits.

LE VOYAGE

Agréable est le voyage.
Lui qui nous amène à la découverte
De nombreux paysages
Et fait de nous une société ouverte

A pied, à cheval
Ou en voiture,
La nature nous sature
De merveilles avec ou sans notre aval

Durant celui-ci,
On aperçoit des arbres
Qui se dressent à nous comme un marbre.
A les regarder, on évade nos soucis.

Voyager, voyager et encore voyager
Libère l'esprit
Des moins comme des plus âgées.
De lui j'ai beaucoup appris.

Table des Matières

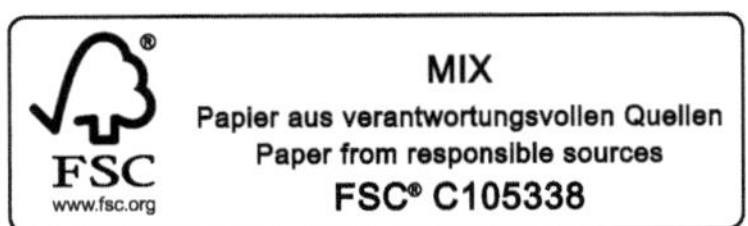

Printed by Books on Demand GmbH, Norderstedt / Germany